아플 때
드리는 기도

Your Words in Prayer in Time of Illness
Arnaldo Pangrazzi, OS Cam
© Copyright 1982 by Society of St. Paul / Alba House
Korean translation copyright © 2018 by ST PAULS, Seoul, Korea

아플 때 드리는 기도

발행일 2018. 4. 28

엮은이 아르날도 판그라치
옮긴이 장말희
펴낸이 서영주
총편집 황인수
편집 손옥희, 김정희 **디자인** 송진희
제작 김안순 **마케팅** 최기영 **인쇄** 영신사

펴낸곳 성바오로
출판등록 7-93호 1992. 10. 6
주소 서울특별시 강북구 오현로7길 20(미아동)
취급처 성바오로보급소 **전화** 944-8300, 986-1361
팩스 986-1365 **통신판매** 945-2972
E-mail bookclub@paolo.net
www.**paolo**.net
www.facebook.com/**stpaulskr**

값 6,000원
ISBN 978-89-8015-908-6
교회인가 서울대교구 2018. 3. 15 **SSP** 1060

그림 김도율 요셉 신부

이 도서의 국립중앙도서관 출판예정도서목록(CIP)은 서지정보유통지원시스템
홈페이지(http://seoji.nl.go.kr)와 국가자료공동목록시스템(http://www.nl.go.kr/
kolisnet)에서 이용하실 수 있습니다. (CIP제어번호 : CIP2018011688)

이 책은 저작권법의 보호를 받으므로 무단전재와 무단복제를 금합니다.
이 책 내용의 전부 또는 일부를 재사용하려면 반드시 저작권자와 성바오로출판사의
동의를 얻어야 합니다.

아플 때
드리는 기도

아르날도 판그라치 엮음 | 장말희 옮김

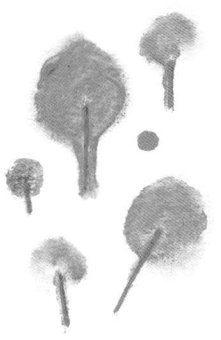

차례

병을 치료해 주는 이들을 위한 기도·6 | 갓난아기를 위한 기도·8 | 임종을 앞둔 아이를 위한 기도·10 | 병상에서 바치는 기도·12 | 외로운 노인의 기도·14 | 회상의 기도·16 | 불평하는 기도·18 | 감사의 기도 1·20 | 기다리는 이의 기도·22 | 이웃을 위한 기도·24 | 오늘을 위한 기도·26 | 실망했을 때 바치는 기도·28 | 신뢰의 기도 1·30 | 두렵고 불안할 때 바치는 기도·32 | 용서를 청하는 기도·34 | 수술을 앞두고 바치는 기도·36 | 고통 중에 바치는 기도·38 | 감사의 기도 2·40 | 심장병 환자의 기도·42 | 가족을 위한 기도·44 | 풍성하게 주소서·45 | 버림받은 이의 기도·46 | 알코올 의존자의 기도·48 | 앞날이 불확실할 때 바치는

기도 · 50 | 증언의 기도 · 52 | 전신 마비 환자의 기도 · 54 | 이런 사람이 필요합니다 · 56 | 오랜 병상 생활을 하며 · 58 | 중병으로 고통받는 이의 기도 · 60 | 병상에 누운 엄마의 기도 · 62 | 병마에 시달리는 자녀를 위한 부모의 기도 · 65 | 신뢰의 기도 2 · 68 | 지혜를 얻은 이의 기도 · 70 | 암 환자의 기도 · 72 | 의식불명인 환자를 위한 기도 · 74 | 희망의 기도 · 76 | 받아들이기 위한 기도 · 78 | 세상을 떠나는 이를 위한 기도 · 80 | 세상을 떠난 이를 위한 기도 · 82 | 하느님 아버지 · 84 | 하느님께 귀 기울입니다 · 87 | 계절을 다시 생각하며 · 91 | 모든 일에는 때가 있습니다 · 96 | 주님을 찬미하여라 · 100

병을 치료해 주는 이들을 위한 기도

하느님 아버지,
당신께서는 역경을 견디는 힘과
희망의 원천이십니다.
질병과 고통뿐만 아니라
치료와 보살핌도 있는 저의 병상을
축복해 주소서.
당신께서 저를 치유하시기 위해
도구로 선택하신 사람들을 축복해 주소서.
이들은 당신의 은총을 전하는
겸손하고 지식이 많은 사람들일 것입니다.
이들이 위기에 처한 환자의 생명을
보호하게 하시고,
고통을 겪는 병약한 환자의 통증을
가라앉혀 편안해지게 하시며,
불안과 두려움에 사로잡힌 환자가
이들을 보며 안도하게 해 주소서.

또한 인간의 모든 노력이 허사가 되었을 때
당신 곁에서 편히 쉴 수 있다는 희망으로
저희를 위로하게 하소서.
주님, 당신을 위해
다정하고 가엽게 여기는 마음으로 일하는
모든 이를 축복해 주소서.
그 마음이 바로 사람들의 진심을
두드리는 길이기 때문입니다.
저에게도 축복을 내려 주소서.
이런 일을 겪음으로써
주님을 믿는 마음이 더욱 굳건해지고
더욱 성숙한 눈으로
제 삶을 바라볼 수 있게 하소서. 아멘.

갓난아기를 위한 기도

주님,
주님은 생명을 주는 분이십니다.
주님께서 이 세상에 오셨기에
저희는 충만한 삶을 누릴 수 있습니다.
주님께서 저희에게 생명을 주시고,
또한 저희를 생명을 전하는 사람으로
만들어 주셨음에 감사드립니다.
저희 가운데 태어난 새 생명의 기적을 기뻐하며,
주님의 창조에 저희를 도구로 선택해 주셨음에
기뻐합니다.
주님께서 저희에게 생명을 부여하는
기쁨을 누리게 해 주셨으니
이제 우리 가족이 된 이 아이를
사랑과 보살핌으로 끝까지 지켜 주는
보호자가 되도록 도와주소서.
이 아이에게 은총을 베푸시어 보호해 주시고,

아이의 일생 동안 성령께서 인도해 주시기를
기도합니다. 아멘.

임종을 앞둔 아이를 위한 기도

주님,
지금 저희는 도저히 납득할 수 없고
너무나 절망해서 아무 말도 할 수 없습니다.
이제 막 시작한 이야기가
갑자기 끝나고 있는 이 순간,
눈물이 앞을 가리고 가슴이 찢어지는 것 같습니다.
저희는 아주 작은 것을 소망했을 뿐인데
너무나도 큰 절망이 주어졌습니다.
저희는 결국 헛된 희망을 안고 기다려 왔습니다.
이제 세상 그 어떤 귀한 것으로도 채울 수 없는
허망함과 슬픔만이 남았습니다.
우리 아이는 이제 고통을 끝내겠지만
아이를 떠나보낸 저희의 고통은 끝나지 않겠지요.
주님, 이 아이가 저희 꿈의 일부였던 것처럼
앞으로도 언제나 저희 삶의 일부분일 것이라고
믿도록 저희를 도와주소서.

그 누구의 잘못도 아닌 이런 일을 겪으면서
생명이란 너무도 연약한 것이어서 지속하기 어렵고
사람의 힘으로 어쩔 수 없다는 것을
믿어야 한다는 사실을
받아들일 수 있도록 도와주소서.
주님, 우리 아이를 돌봐 주소서.
주님 나라 특별한 곳에 우리 아이를 살게 하시고,
이 아이가 비추는 빛 안에서
저희가 살아갈 힘을 얻도록 도와주소서.
예수님의 이름으로 간구합니다. 아멘.

병상에서 바치는 기도

주님,
제가 이 병을 이겨 낼 수 있도록
당신의 평화와 은총을 내려 주소서.
주님께서는 들판의 백합과 하늘의 새들을
키워 주시고 먹여 주시며
피조물에게 베푸시는 당신의 보살핌을
매일 보여 주십니다.
주님께서는 새들의 둥지에 먹이를
넣어 주시지 않으면서도
모든 새를 먹여 주십니다.
당신의 특별한 창조물인 저에게
당신의 말씀 안에서,
당신이 보내신 사람 안에서,
제 삶의 신비 안에서
주님께서 제게 손을 내미실 때마다
자비로우신 당신 존재를

제가 알아볼 수 있게 해 주소서.
저는 지금 병마와 싸우면서
당신의 치유하시는 일을 위임받은
의사와 간호사와 원목자들을
축복해 주시기를 기도합니다.
제 몸과 마음과 영혼이
당신 치유의 손길을 잘 받아들이게 하시고,
제가 힘을 내야 할 때 강한 힘을 주시고,
제 생명이 다할 때 새로운 생명을 주시옵소서.
아멘.

외로운 노인의 기도

주님,
저는 지금 몹시 외롭습니다.
세상 속에서 저는 자주 외로움을 느낍니다.
저는 친숙한 사람들과 익숙한 것들에서
멀어져 이곳에 와 있습니다.
세월의 무게로 점점 쇠약해지고,
둘러보면 남아 있는 오랜 친지들은
얼마 되지 않습니다.
제가 이제 쓸모없는 사람처럼
느껴질 때가 많습니다.
다른 사람들에게 짐이 되고 있는 것만 같습니다.
이따금 주님께서 저를 데려가 주시면 좋겠다는
생각을 합니다.
그래도 아직 제가 완전히 잊히지는 않아서
사람들은 제게 말을 걸어오고
제게 웃어 주기도 하고 관심을 보이기도 합니다.

주님, 시간이 지나도 저를 지탱해 주는 믿음을 품고
이 믿음으로 낙담하거나 울지 않고
매일 기도하게 해 주소서.
주님을 알게 되고
언제나 다정하게 제 어깨를 어루만지시며
용기와 위로를 주시던 지난날의 기억과 추억으로
제 마음이 따뜻해지게 해 주소서.
예수님의 이름으로 간구하옵니다. 아멘.

회상의 기도

주님, 제가 나이 들어 가고
고통이 서서히 다가오고 있는 지금,
비참하다는 생각 없이 실망감을 받아들이면서
기품 있게 늙어 가는 길을 알려 주소서.
추억 속에서 위안을 찾는 방법을 가르쳐 주소서.
추억은 지난 세월이 주는 선물이기 때문입니다.
주님, 제가 어린 시절의 기도를 기억하고,
아주 오래전 즐거운 놀이와 저희 가족의 전통과
행사 의식들을 추억하는 시간을 주소서.
제가 살던 집, 비밀을 나누던 친구들,
저를 격려해 주신 선생님들을 기억할 시간을 주소서.
학교생활, 방황하던 때, 삶을 추구하던 시절,
첫 미팅의 설렘, 결혼식에 울리던 종소리를
기억할 시간을 주소서.
아이가 태어난 순간, 무지개의 기적, 좌절의 아픔,
꿈을 성취한 기쁨을 추억할 시간을 주소서.

감사하고 행운을 빌고 작별을 고하던 목소리들을
기억할 시간을 주소서.
제가 가장 좋았던 시절,
제 눈물과 제 웃음을 기억할 시간을 주소서.
그리고 무엇보다 사랑하던 때를
기억할 시간을 주소서. 아멘.

불평하는 기도

오, 주님!
주님께서는 제가 아직 이곳에 살아 있다는 것을
잊으셨나 봅니다.
당신의 피조물들이
당신을 얼마나 바쁘게 하는지 잘 알지만
보세요, 제가 얼마나 힘들게 견디고 있는지….
저는 이따금 제가 죽은 것만 같습니다.
너무나도 많은 것들이
순식간에 사라져 버렸습니다.
제일 먼저 건강, 그 다음엔 가정, 가족,
일까지 전부 사라졌습니다.
저는 이제 병상에 누워
자유도 자립도 잃은 것 같고
잠도 식욕도 잃어 가고 있는 것 같습니다.
또 무슨 일이 생길까요.
저는 이제 견디지 못할 것 같습니다.

수술 후 회복하려고 애썼는데
갑자기 악화되고 있습니다.
처음부터 다시 시작해야 한다는 게
몹시도 고통스럽습니다.
의사가 지난 며칠 동안 계속 들락거립니다.
무슨 일인지 모르겠습니다.
나보다 더 심각한 환자도 많다는
간호사의 말도 위로가 되지 않습니다.
그러니까 주님, 좀 이기적으로 들리시겠지만
주님께서 제 기도를 듣고 계시다는 확신을
제게 주시고 제발 저를 빨리 낫게 해 주세요. 아멘.

감사의 기도 1

하느님 아버지,
당신께서는 당신의 모상대로 아름답고 고귀하게
저희 육신을 만들어 주셨습니다.
그러나 연약하고 부서지기 쉬운
제 육신의 불완전함과 부족함을 보면서
무엇이 옳고 무엇이 그른지 알게 됩니다.
제 건강이 예전처럼 좋지 않은 것은 사실이고…
더 나빠질 수 있는 것 또한 현실입니다.
그러나 아직 제 눈은
당신 창조물의 아름다움을 볼 수 있습니다.
해 뜨고 해 지는 광경과,
나무와 온갖 색깔을 보며 감사드립니다.
그리고 당신 백성의 얼굴에서
당신의 모습을 봅니다.
이 축복을 감사하지 못하는 눈먼 이가 될 때까지
저를 기다리지 않게 하소서!

아직 제 귀는 생명의 소리를 듣고
새들의 노랫소리를 듣습니다.
조용히 내리는 빗소리와
제가 아는 이들의 목소리도 듣습니다.
이것의 귀중함을 모르는 귀 먹은 이가 될 때까지
저를 기다리지 않게 하소서!
아직 제 두 손으로 저 자신을 돌볼 수 있을 만큼
다른 사람들도 도울 수 있습니다.
이 손이 있어 제게는 너무나 소중한 아이들을
안아 줄 수 있고 꽃을 어루만질 수도 있습니다.
주님, 보고 듣고 만지는 감각을 지닌 제 몸은
저의 신성한 집이며 당신이 머무시는
부서지기 쉬운 신전입니다.
저를 이토록 아름답게 만들어 주신
주님 감사합니다. 아멘.

기다리는 이의 기도

하느님 아버지, 당신의 아들 예수 그리스도께서는
저희 마음을 치유하시고
저희 삶을 이끌어 주시기 위해
이 어지러운 세상에 오셨습니다.
그분은 인간의 외로움,
그 낯선 외로움과 사막의 외로움과
기다림의 외로움을 함께 나누셨습니다.
저 역시 기다리면서
견디기 힘든 시간을 보내고 있습니다.
시간이 흐르면서
저는 더 예민해지고 초조해집니다.
제게 낯선 것들이 모두
기다림을 고통스럽게 합니다.
이곳에 누워 있는 저에게 하루는
마치 한평생처럼 느리게 흘러갑니다.
기다림이 이토록 고통스러운 것인지

정말 몰랐습니다!
저는 어디로 가는지 무엇을 하고 있는지 모른 채로
외딴 곳에 홀로 남겨진 것 같습니다.
의사와 간호사가 오기를 기다리며
방문만 바라보고 있습니다.
그들이 와서 무슨 말을 할지 두렵습니다.
때로 창밖을 내다보며 날이 밝기를 기다립니다.
밤은 저에게 너무 길기만 합니다.
주님, 이 불안한 마음을 벗어나게 해 주시고
오직 당신께 의탁하게 해 주소서. 아멘.

이웃을 위한 기도

주님, 저는 기도합니다.
저보다 형편이 어려운 사람과
저보다 고통받는 사람,
저보다 더 많은 것을 잃은 사람과
힘과 용기를 줄 사람도 의지할 데도 없는
사람들 모두를 위해 기도합니다.
주님께서 지켜보고 계실 사람들을 위해서
기도합니다.
그들에게 필요한 용기를 주시고
고통을 이겨 낼 희망을 주시기를 기도합니다.
제 가까이에 그리고 이 병원에도
그런 사람들이 있다는 것을 느끼면서
저는 어려움을 겪는 사람이 저뿐만이 아니며
감사할 일이 많다는 생각을 하게 됩니다.
주님, 제가 저만을 생각하는 이기심을 버리고
세상을 넓게 보도록 저를 도와주시고,

당신의 십자가와 다른 이들의 십자가를 기억하며
제 십자가를 받아들일 수 있도록
저를 도와주소서. 아멘.

오늘을 위한 기도

제 삶에 새로운 날을 주신 주님, 감사합니다.
이날은 다시 오지 않을 날이며
제가 어떻게 보낼지에 따라
큰 의미가 있는 날이 될 것입니다.
이날은 제 실패나 성공에 의해서가 아니라
제게 일어날 일을 맞이하는 제 마음가짐으로
그 의미를 찾을 수 있을 것입니다.
주님께서 제게 주신 오늘은
제가 더욱 성숙할 시간과 중요한 일을 해낼 시간,
슬퍼할 시간, 웃을 시간, 희망을 품을 시간입니다.
병원에 입원해 있으면서
제가 오늘을 어떻게 보내고,
위기와 기회를 어떻게 다루는지에 따라
어떤 내일이 만들어지는지를 생각하게 됩니다.
주님, 주님께서 저와 함께해 주시고,
주님께서 매일 베푸시는 축복을 소중하게 여기는

은총의 시간을 만들도록 저를 도와주소서.
나눔을 실천하는 시간을 주시고,
침묵할 시간과 말해야 할 시간,
붙잡아야 할 시간과 놓아 주어야 할 시간,
참여할 시간과 물러날 시간,
깊이 생각할 시간과 기도할 시간을 주소서.
주님, 당신 눈에는 하루가 천년 같다는 사실을
기억하도록 저를 도와주소서. 아멘.

실망했을 때 바치는 기도

주님, 검사 결과를 기다리면서
많은 희망을 품었고 많은 두려움도 느꼈습니다.
좋은 결과를 희망하며 기도하고,
최악을 생각하며 두려움에 떨었습니다.
그러면서 조금씩 안정을 찾아가고 있었는데
의사가 와서 충격을 주지 않으려고 애를 쓰며
'나쁜 소식'을 전했습니다.
정말 듣고 싶지 않았습니다.
의사가 틀렸을지도 모른다고,
아마 틀렸을 것이라고,
이건 사실이 아니라고 생각했습니다.
내가 얼마나 건강했는데!
그러나… 이제 어떻게 해야 하는지
결정되었습니다.
주님, 제가 최선을 다하고
담당 의사를 신뢰할 수 있도록 도와주소서.

치료 과정마다 새롭게 희망을 갖도록
저를 도와주소서.
당신의 복음이 제 마음으로 들어와
절망을 준 소식으로 느낀 충격을
가라앉히게 하소서.
안심할 수 없는 이 상황에 제가 비탄에 잠길 때
당신의 끝없는 사랑의 복음으로
제가 견딜 수 있게 해 주소서.
절망에서 저를 보호하는 당신의 위로와 평화가
제 안에 머물고
앞으로 나아갈 준비를 하게 하소서.
예수님의 이름으로 기도합니다. 아멘.

신뢰의 기도 1

주님, 비가 내릴 때에도 구름 뒤에는
태양이 있다고 믿게 하시고,
가을날 메마른 나무도 제가 인내를 가지고 기다리면
다시 새잎을 틔울 것이라 믿게 하소서.
주님, 골짜기를 따라 한참을 가야만
산에 다다를 수 있음을 깨닫게 하시고,
양초가 자기 몸을 서서히 태워야만
그 빛으로 세상을 밝힐 수 있음도 깨닫게 하소서.
사랑하는 주님,
제가 의지하려는 자신감에서 벗어나게 하시고,
저를 초조하고 불안하게 하는 두려움을
떨쳐 버리게 해 주소서.
네, 저는 두렵습니다.
저는 계획대로 잘 사는 것에 익숙합니다.
제가 허약하다고 느끼는 게 싫습니다.
신경이 곤두서고 짜증이 납니다.

이러고 싶지 않지만 어쩔 수가 없습니다.
그래도 제가 이 병상에 누워 있으니
그러는 게 창피하지는 않습니다.
그러나 주님,
이 세상은 당신의 것이지 제 것이 아닙니다.
저는 여기 당신을 위해 있고,
당신을 알기 위해 있으며,
저는 제 불완전함이 품은 의미를 신뢰해야 합니다.
어머니 팔에 안겨 안전함을 느끼는 어린아이처럼
저도 주님 팔에 저를 맡깁니다.
제 능력으로 어쩔 수 없는 것들을 믿게 하시고,
제가 볼 수 없는 길을 걷게 하시며,
구름 뒤에 당신의 해가 떠오른다는 것을
믿게 하소서. 아멘.

두렵고 불안할 때 바치는 기도

주님, 저는 여기가 무척 두렵습니다.
병원이 너무나 싫어서
발걸음조차 안 하려고 했습니다.
환자들을 보면 저도 아픈 것만 같았습니다.
그런데 지금 저는 건강에 문제가 생겨서
병원에서 치료를 받고 있습니다.
병원에서 저는 마음이 편치 않습니다.
저보다 저를 더 잘 아는 것 같은 전문가들이
너무나도 많습니다.
제가 무지해 보이거나 고지식해 보일까 봐
물어보고 싶은 게 많은데도
그러지 못하고 있습니다.
어쩌면 의사의 대답을
듣고 싶지 않은지도 모르겠습니다.
아니면 의사들이 너무 바빠 저와 이야기할 시간을
내지 못하는지도 모르겠습니다.

주삿바늘을 볼 때마다 도망치고 싶을 만큼
긴장이 됩니다.
그럴 때 저는 신경쇠약 환자가 되곤 합니다.
주님, 이런 제가 좀 차분해지고
마음 편안해지도록 도와주세요.
제 모습을 보고 웃고,
제 걱정도 웃음으로 날려 버리면서
더 이상 마음 졸이지 않게 도와주세요.
제가 치료 과정을 잘 받아들이고,
스트레스를 받으면서도
적응하는 기간에 긍정적이고 신뢰하는 마음으로
성숙한 태도를 갖도록 도와주세요.
예수님의 이름으로 기도드립니다. 아멘.

용서를 청하는 기도

주님, 제 마음속에서 '미안해.'라고
말하라는 소리가 들립니다.
저 자신과 다른 사람들에게
여러 가지로 상처를 준 것이 미안합니다.
주님, 제가 시간을 핑계로 주님을 모르는 체하고,
괴로움을 겪으며 주님을 원망하면서
주님께 감사하지 않은 것을 용서해 주소서.
주변 사람들의 마음을 상하게 한 저를
용서해 주소서.
침묵으로, 오만함으로, 질투로, 부정직함으로
사람들에게 상처를 준 저를 용서해 주소서.
기쁜 마음으로 저를 돕는 사람들을
이해하지 못하고
이기적으로 자존심을 내세우며
그들에게 상처를 준 저를 용서해 주소서.
주님, 저 자신을 힘들게 하고

세상의 중심에 서기 위해
저를 끊임없이 채찍질하면서
저 자신을 사랑하지 않은 저를 용서해 주소서.
저는 당신의 창조물입니다.
주님, 저 자신을 용서하려면
당신의 치유와 당신의 힘이 필요합니다.
제 잘못과 죄를 주님 손에 맡깁니다.
당신의 은총으로 제 약함을 용서하시고,
제 슬픔이 평화가 되도록 저를 용서해 주소서.
아멘.

수술을 앞두고 바치는 기도

주님, 시간이 너무나 천천히 흘러가는 것 같습니다.
저는 몹시 불안하고 수많은 생각이
머릿속을 오갑니다.
수술이 어떻게 끝날지, 이제 또 어떤 일이 생길지,
제 가족은 어떻게 될지 그런 생각들이
두서없이 떠오릅니다.
제 몸과 제 인생이 위기에 처해 있는 현실 앞에
저는 두렵고 불안합니다.
주님, 제가 당신께 애원합니다.
제 두려움을 믿음으로,
제 불안감을
당신의 도구인 저를 치유하는 사람들에 대한 신뢰로
바꾸어 주시기를 기도합니다.
제 수술을 담당할 의사들을 축복해 주소서.
그들의 손길이 아픈 곳을 낫게 하고
약한 곳을 강하게 하도록 이끌어 주소서.

제 곁에서 저를 돌보며
이 시간을 견뎌 낼 힘을 주는
제 가족에게 축복을 내려 주소서.
이 밤을 축복하소서.
제게 평온함을 주시고
주님의 보호 아래 제가 담담하게
내일을 준비하게 해 주소서. 아멘.

고통 중에 바치는 기도

저의 목자이신 주님,
저는 어제의 고통을 더 이상 기억하지 않습니다.
내일의 고통도 알지 못합니다.
그러나 오늘
이 고통을 참아 낼 수 있도록 도와주소서.
제가 견딜 수 있는
인간적이고 영적인 힘을 주소서.
주님의 십자가와 성부께 바친 주님의 기도와
그 마음을 기억하도록 도와주소서.
제 자신에 대한 연민과 이 상황과
제 주변 사람들에게 불평하려는 마음에서
벗어나게 해 주소서.
저를 찾아와 오래 머물면서
제게 용기를 주려고 애쓰는 친구들도
이젠 고맙지 않습니다.
주님, 마음에 상처를 받을 때에도

제가 다른 사람들에게 짐이 되기보다
평온함과 용기를 주는 사람이 되도록
저에게 힘을 주소서.
저를 돌보는 사람들의 얼굴에서
당신의 사랑을 보도록 저를 이끌어 주소서.
적막한 저의 시간을 깨뜨리는 목소리에서
위안과 새로운 삶의 약속을 발견하도록
도와주소서.
예수님의 이름으로 간구합니다. 아멘.

감사의 기도 2

주님, 제가 병중에 있는 이 시간에
제 생명을 보살펴 주시고
제 시야를 넓혀 주시고
당신의 진리를 깊이 이해하게 해 주셔서
감사합니다.
제 눈을 뜨게 해 주셔서
당신의 현존을 볼 수 있었고,
저를 치유하시는 손길도 느낄 수 있었습니다.
주님께서는 저 자신과 저의 지난날,
가치관, 문제, 목표 등을
되돌아볼 시간을 주셨습니다.
어제까지 중요하게 여기던 많은 것들이
오늘은 하찮은 것이 되었고,
일상의 작은 축복에
진심으로 감사할 수 있게 되었습니다.
마치 짙은 안개 속을 헤매다가

벗어난 것만 같습니다.
이제 세상이 달라 보이고,
저는 새로운 날을 향해
새롭게 시작할 마음의 준비가 된 것 같습니다.
제가 입원해 있는 동안 힘을 북돋워 준 사람들,
말과 행동으로
당신을 향한 믿음을 더 강하게 해 준 사람들,
평온함과 밝은 마음을 되찾게 해 준
그 모든 사람들을 보내 주신 주님께 감사드립니다.
아멘.

심장병 환자의 기도

주님, 너무나 갑작스럽게 일어난 일이었습니다.
가슴에 통증이 느껴지기 시작하면서
저는 잠시 아무것도 못한 채
두려움에 사로잡혔습니다.
그리고 가슴에 돌덩어리가
내려앉은 것만 같았습니다.
지금은 집으로 가도 될 만큼 나아졌지만
병원에 더 있어야 할 것 같습니다.
저는 활동적인 편이어서
여기 병실에 이렇게 누워 있기가 정말 힘듭니다.
저에게 마음을 편하게 가지라고 합니다.
네, 저도 완쾌될 때까지 그럴 생각입니다.
저는 워낙 건강했기 때문에
이런 병으로 고생하게 될 줄 꿈에도 몰랐습니다.
가족, 저에게 의지하고 있는 가족이 걱정이 되고
제가 하던 일도 걱정이 됩니다.

사실은 앞날이 정말 걱정스럽습니다.
주님, 내일을 생각할 때마다 밀려오는
이 불안과 두려움을 가라앉혀 주소서.
제 한계를 받아들이도록 저를 도와주소서.
그러나 무엇보다 하루하루 주어진 기회와
선물을 감사하게 여기도록 저를 도와주소서.
우리 삶은 해결해야 할 문제가 아니라
매일매일 발견해야 할 신비로 생각하는
어린아이의 자연스러운 마음을 배우도록
저를 도와주소서. 아멘.

가족을 위한 기도

주님, 주님께서는 저희에게 어려움에 처했을 때
서로 돕고 돌봐 줄 수 있는 가족을 주셨습니다.
제가 아플 때 사랑과 위로와 용기를 주는
가족을 선물로 주신 주님, 감사합니다.
특별히 제가 가족과 함께하지 못하는 지금,
제 가족의 하루하루를 지켜 주시고 보살펴 주소서.
제가 그들 곁에 없는 이때,
우리 가족이 더욱 가까워지고,
서로 생각이 다름을 접어 두고
서로를 각별히 챙겨 주도록 도와주소서.
저희들의 이 특별한 시기에
서로 사랑하는 마음이 얼마나 깊은지,
주님을 향한 믿음이 얼마나 절실한지 깨닫게 해 주소서.
몸은 떨어져 있지만 마음으로 더욱 가까워지고,
주님과 주님 사랑이 머무는 가족과 공동체로
새롭게 하나가 되는 기회가 되게 해 주소서. 아멘.

풍성하게 주소서

주님, 저에게 사람다울 수 있을 만큼
충분한 눈물을
현명함을 지킬 만큼 충분한 유머를
겸손함을 지킬 만큼 충분한 좌절을
자족할 수 있을 만큼 충분한 성취를
기다림을 배울 만큼 충분한 인내를
신뢰를 배울 만큼 충분한 희망을
제게 사랑을 줄 충분한 친구를
제게 위안이 되어 줄 충분한 추억을
제가 계속 살아갈 만큼 충분한 믿음을
풍성히 내려 주소서. 아멘.

버림받은 이의 기도

주님, 제가 올해 겪을 절망의 끝은 어디일까요?
제가 정말 괴로운 것은
이렇게 병원 신세를 지게 된 것이 아니라
홀로 이 시기를 견뎌 내야 한다는 사실입니다.
저는 이혼했고 제 배우자는
더 나은 삶을 찾아 저를 떠났습니다.
이 현실을 마주하기가 정말 힘듭니다!
이런 현실을 저는 외면하려고 애썼습니다.
이 현실에서 도망치고, 그 사람을 비난하고,
저 자신을 탓하고, 주님을 원망했습니다.
제가 그 누구보다 사랑한 사람이 저를,
제 사랑을 버렸다는 게 너무나도 화가 납니다.
이제 저는 그 사람에게
아무것도 아닌 존재가 되었고,
그것으로 저는 말할 수 없이
큰 상처를 받았습니다!

제가 모든 것을 쏟아부은 삶이
전부 허사가 된 것만 같습니다.
이제 저는 기나긴 겨울을 살아갈 것입니다.
저를 따뜻하게 안아 주거나 위로해 줄
그 사람이 없다는 것을 압니다.
그러나 아직도 저는
그 사람과 함께했던 아름다운 시간,
아이들을 함께 키우던
그 시절의 아름다움을 간직하고 있습니다.
주님, 제가 이 시간을 잘 견디고
더 나은 사람으로 다시 태어날 수 있도록
제게 힘을 주소서.
이 추운 겨울의 한가운데서
따뜻한 봄날의 약속을 볼 수 있는 용기를 주소서.
아멘.

알코올 의존자의 기도

주님, 당신께 가는 길을 보여 주소서.
진정으로 당신께 의탁하는 길을 알려 주소서.
저는 아주 먼 길을 왔습니다.
도움을 청하기에는 너무나 교만했고,
제게 문제가 있다는 것을 인정하기에는
너무나 고집스러웠습니다.
저는 계속 '맥주 정도 마실 뿐이야.' 하면서
저 자신에게 변명을 하고,
혼자 힘으로 해결할 수 있다고 자만했습니다.
그러면서 가족이 나를 힘들게 해서,
아이들이 제대로 하는 게 없어서
이렇게 잘못되고 있다고 가족 탓을 하곤 했습니다.
제 삶을 제 마음대로 할 수 없는 세상에서
저는 마음대로 할 수 있는 것에
몰두하게 되었습니다.
그때부터 온갖 핑계를 대고

술을 마시게 된 것입니다.
고통과 외로움과 두려움을 없애려고
술을 마셨습니다.
주님, 저는 지금 또 병원에 있습니다.
결국 다시 입원해 있습니다.
제게 문제가 있고 병을 앓고 있다는 사실을
똑바로 바라볼 용기를 주소서.
저 자신을 내려놓고
도와달라고 말할 수 있는 겸손함을 주소서.
저는 혼자 힘으로 이 문제를 해결하지 못합니다.
저 자신을 존중하고 보살필 방법과
제 희망의 원천이신 주님께 돌아갈 길을
제게 보여 주소서. 아멘.

앞날이 불확실할 때 바치는 기도

주님, 저희가 인간의 유한성과 육신의 연약함과
앞날의 불확실함을 절감할 때
기적을 바라는 것이 아니라 인내심을 청하고,
고통에서 벗어나는 것보다는 그것을 견딜 힘을
주시기를 기도하며 당신께로 향합니다.
주님, 저희가 입으로 말할 수 없는 것을
저희 존재로 말하도록 도와주소서.
저희가 두려움으로는 바꿀 수 없는 것을
믿음으로 받아들이도록 도와주소서.
당신께서 제자들에게 용기를 주시며 하신 말씀을
오늘 저희에게도 해 주소서.
어떤 일이 있어도
저희가 당신 말씀을 기억하게 하소서.
"두려워하지 마라.
내가 세상 끝 날까지 언제나 너희와 함께 있겠다."
"내가 너희와 함께 있으니 두려워하지 마라."

산다는 것은 고통을 피하는 일이 아니며,
사랑한다는 것은 아픔을 무릅쓰겠다는
각오를 의미한다는 것을 기억하게 하소서.
또한 삶은 운명이 아니라 운명으로 이끄는
여정이라는 것도 기억하게 하소서.
당신께서 저희를 위해 준비하신 운명이 무엇이든
언제나 마음을 열고 받아들이게 하소서.
어린아이들이 더 오래
그리고 끝까지 즐거움을 맛본 다음에야
그 기쁨을 거두어 가시는 주님이시니
저희에게 당신이 필요할 때 저희와 함께하소서.
예수님의 이름으로 기도합니다. 아멘.

증언의 기도

하느님, 당신의 아들 예수님께서는
병자와 박해받는 사람과
슬퍼하는 사람들에게 힘을 주시어
세상을 변화시키도록 축복해 주셨습니다.
주님, 당신께서는
저를 당신의 창조물로 선택해 주셨습니다.
주님께서는 저를 나이나 학벌,
제가 이룬 성공 등을 기준으로
저를 사랑하시지 않습니다.
주님께서는 제가 당신에게 속해 있기 때문에
제 모든 약점과 가능성과 더불어
저를 사랑하십니다.
주님께서는 제 육신의 병과 무력함을 통해
제 삶의 중심인 당신을 향하도록 초대하셨습니다.
자기 안전을 확신하는 사람,
바쁜 삶으로 자신을 돌보지 않는 사람,

세상을 살피지 못하는 눈먼 사람들이
제 육신의 허약함을 보고
자만과 무관심으로 가득 찬 세상을
인간적인 세상으로 변화시키는 은총이 되게 하소서.
주님, 제가 불평하기보다 사랑하는 것이,
두려워하기보다 신뢰하는 것이 더 중요하며,
그보다 더 중요한 것은
당신을 믿는 것이라는 진리를 선포하여
당신이 만드신 이 세상에서
주님의 이름으로 치유받은 사람이 되게 하소서.
아멘.

전신 마비 환자의 기도

하느님, 저는 아무것도 할 수 없고
그 무엇에도 희망을 걸 수 없어서
제 앞날도 알 수 없습니다.
오늘 저는 텔레비전을 보고 싶었지만
고개조차 돌릴 수 없어
사람들이 제 침대 방향을 바꾸어 주었습니다.
저는 다른 사람들과 너무나 다르고
주변 사람들에게 너무나 많이 의지하고 있습니다.
이 사람들이 제 처지를 이해하는지도 모르겠고,
제가 한없이 무력해 보이는 게
정말 화가 나고 자존심이 상합니다.
그러나 저는 이 불행 덕분에
더 사려 깊은 사람이 되었다고 느낍니다.
제 육신으로 인한 실망과 부족함은
제 내면의 아름다움이,
단순한 몸짓과 손짓이

보물처럼 귀중한 선물이라는 것을 알게 합니다.
어쩌면 저는 하루하루를
제게 떠오르는 생각과 기억과 저의 현실을
가치 있게 만들고 있는 것 같습니다.
제 나이 또래의 간호사와 사람들이
눈앞에서 오가는 것을 보면 무척이나 괴롭습니다.
그들은 걷고 움직이는 것을
은총이 아닌 당연한 권리로 여기는 것 같습니다.
그런 그들이 부럽습니다.
그들이 나에 비해 얼마나 행복한지
깨달았으면 좋겠습니다.
여기 있는 저를 보면서
그들의 마음이 관대해지고 따뜻한 사람들이 된다면
그것이 제가 이렇게 된 이유가 될 것입니다. 아멘.

이런 사람이 필요합니다

주님, 저에게 이런 사람을 보내 주소서.
제게 관심을 갖고 저를 찾아와
이 침묵에 잠긴 시간을 없애 주는 사람,
제 가슴 속에 있는 어두움을
빛 가운데로 이끌어 주는 사람,
눈으로 저를 이해하고
제 허기진 열망을 들어주는 사람,
미소로 저를 바라보고 함께 생각을 나눌
그런 사람을 저에게 보내 주소서.
저는 오늘도 외롭게
그런 사람이 오기를 기다립니다.
그런 사람은 왜 저를 멀리할까요?
사랑할 시간이 없어서일까요?
그런 사람이 저를 두려워하는 이유는 무엇일까요?
그런 사람이 시간을 내서 나의 침묵을 들어준다면
내가 어떤 사람인지 알려 주겠습니다.

그런 사람이 시간을 내서
내 고통을 어루만져 준다면
그가 살아갈 목표를 알려 주겠습니다.
그런 사람이 시간을 내서
내 좋았던 시절을 이해해 준다면
그의 마음을 변화시켜 주겠습니다.
그러니 무슨 말을 해야 할지 두려워하지 말고,
그저 내 곁에 앉아 내 손을 잡아 주면 됩니다.
내일 나는 오늘 같지 않을 것입니다.
제 삶은 이미 노을을 맞이했기 때문입니다.
아멘.

오랜 병상 생활을 하며

주님, 잔디를 밟아 본 지도,
밤하늘의 별을 바라본 지도 오래되었습니다.
병상에서 소리 없이
불안한 밤과 지루한 낮을 수없이 보냈습니다.
처음 입원했을 때에는 심각할 정도로 아팠지만
지금은 집으로 가고 싶어 짜증이 납니다.
병상에서 사람들의 도움을 받아야 하고,
회복은 더디고,
제가 좌절감을 느끼는 것에 화가 납니다.
최선을 다해 저를 도우려는 사람들에게조차
짜증이 나고 신경이 날카로워집니다.
그 사람들이 무슨 잘못이 있겠습니까?
저는 많은 것을 참고 견딜 수밖에 없고
그래서 투정을 부리는 것이니
모든 게 제 잘못입니다.
그러나 주님,

당신께서 저를 이런 처지에 이르게 하셨고,
하루하루 견딜 인내심을 제게 주셨으니
치유가 필요한 곳을 당신께서 치유해 주시기를
다시 한 번 기도합니다.
제 희망과 바람이 좌절과 조바심을 극복해
곧 상쾌한 바깥 공기를 들이마시고
우리 집의 안락함을 즐길 수 있게 해 주소서.
예수님의 이름으로 간절히 기도합니다. 아멘

중병으로 고통받는 이의 기도

주님, 왜 제가 이런 고통을 받아야 합니까?
저는 평생 착하게 살려고 노력했습니다.
그런데 왜 저에게 이런 시련을 주십니까?
세상에는 못된 사람들이 얼마나 많은데 ….
그리고 왜 하필 지금입니까?
저는 먹고 살기 위해 일해야 합니다.
저는 아직 젊고 제 가족에게는 지금 제가 필요합니다.
저를 좀 더 살게 해 주실 수 없을까요?
아들이 결혼할 때까지,
손자를 볼 때까지 좀 미뤄 주실 수 없을까요?
제가 뭘 잘못했는지 모르겠습니다.
이런 벌을 받을 정도로 제가 잘못 살았습니까?
저는 이 현실이 싫습니다.
주님, 제 이기적인 변명을 용서해 주소서.
제 현실을 주님 탓으로 돌리는 것도 용서하소서.
마음이 아픕니다.

주님께서는 저를 이해하시리라 믿습니다.
당신께서는 절망하고 변덕을 부리는 저를
있는 그대로 받아 주는 분이시니
저에게 해롭게, 제가 잘못되기를 바라고
이렇게 하시지는 않으셨겠지요.
제 삶에서 누리는 많은 것을 너무나 당연하게
여긴 게 문제인지도 모르겠습니다.
그것을 전부 잃을까 봐 화가 납니다.
그것은 불공평하다고 생각합니다.
주님, 제 육신이 병마와 싸우는 이때,
무한한 주님의 사랑을 깨닫는 마음을
갖게 해 주소서.
제 모든 것을 잃었다고 느끼는 이때,
그 답을 알 수 없는 의문을 안고 살아갈 용기와
당신을 찾는 기쁨을 주소서.
당신의 십자가를 기억하도록 도와주소서. 아멘.

병상에 누운 엄마의 기도

하느님, 저는 몹시 슬프고 절망스럽습니다.
이런 일이 생겼는데 어떻게 아이들에게
주님은 우리를 사랑하시고 보살피신다고
말할 수 있겠습니까?
아이들이 그 말을 어떻게 믿겠습니까?
주님께서 우리를 돌보신다고 어떻게 믿겠습니까?
주님께서는 당신께 청하면
들어주신다고 하셨습니다.
아직 저희가 청하는 기도를 듣지 못하셨나요?
언제까지 기다려야 낫게 해 주실까요?
주님, 이따금 주님께 화가 나고
주님의 침묵이 원망스럽습니다.
주님께서 저희를 버리신 것만 같습니다.
제가 주님의 기적을 바란 것은 사실입니다.
어려움에 처했을 때
주님께서 해결해 주시기를 기대합니다.

제 의문에 답해 주시고,
제가 바라는 것을 전부 해 주시기를 원합니다.
가족을 위해 제가 얼마나 열심히 일했는지,
착하게 살려고 얼마나 노력했는지
주님께서는 잘 아십니다.
주님이 필요한 지금 제 손을 잡아 주세요.
제가 지금 겪는 일들을 통해
주님께서 제게 말씀하신다는 것을
제가 아직 믿지 못하고 있는지도 모르겠습니다.
육신의 치유보다 더한 치유가
필요한지도 모르겠습니다.
저를 기다리는 미래가 어떻든지
주님, 제가 주님께 어떤 존재인지
아직 잘 모르겠지만
제가 새롭게 주님과 가까워지는 길을 찾고 있으며,
제 안에서도 새로운 차원을 보는 시각이

자라고 있다는 것을 깨닫게 해 주소서.
제가 믿음을 지키도록 도와주시기를
예수님의 이름으로 간구합니다. 아멘.

병마에 시달리는
자녀를 위한 부모의 기도

사랑이신 주님, 저희는 주님께서 선하시며
사랑이 많은 아버지시라고 수없이 들었습니다.
그래서 우리 아이가 백혈병을 앓도록 허락하신
주님을 이해할 수 없습니다.
저희 둘 중 한 사람을 데려가 주세요.
저희 부부는 살 만큼 살았고,
저희 아이를 대신해서 죽어도 행복할 것입니다.
우리 아이는 아직 젊고 아름답고 착합니다!
왜 이런 일이 일어나야 합니까? 왜요?
가슴이 미어져서 우리 아이가 떠나는 것을
지켜볼 수가 없습니다!
아이는 하루하루 약해지고 있습니다.
목소리는 힘이 없어지고 얼굴은 창백해졌습니다.
저희 부부는 셀 수 없는 밤을
아이 곁을 지키며 숨죽여 울음을 삼켰습니다.
곧 저희 곁을 떠날 아이를 지켜보는 고통을

이제 더 이상 견디기 힘듭니다!
아이는 저희 몸과 같습니다.
아이의 고통은 아이의 좌절된 꿈과
부서진 저희의 희망입니다.
저희는 벌써 아이의 부재와 아이의 미소 띤 모습,
아이의 말소리와 아이가 주던
사랑의 부재를 느끼며
허망하고 허탈합니다.
주님, 아이가 떠나는 것을 보기가
너무나도 힘듭니다!
아이가 고통스러워하는 것을 지켜보기는
더욱 힘이 듭니다.
그러니 주님 뜻이라면
이 아이를 당신 손으로 데려가 주세요.
당신의 보살핌으로 감싸 주세요.
고통도 아픔도 눈물도 없는

천국의 평화를 아이에게 주세요.
주님 나라에서 우리가 다시 만날 때까지
아이가 그곳에서
저희의 여생을 지켜보게 해 주세요.
예수님의 이름으로 간절히 청합니다. 아멘.

신뢰의 기도 2

하느님 아버지,
당신께서는 우주의 위대함을 통해
저희에게 말씀하십니다.
하늘의 별과 행성을 통해
당신의 전능을 저희에게 일깨워 주십니다.
당신이 창조하신 자연과 계절을 통해
저희에게 말씀하십니다.
산의 아름다움, 꽃과 천둥과 무지개에서
드러나는 당신의 영광을 봅니다.
당신께서 계약을 맺으신 저희 선조들과
그들의 역사를 통해 저희에게 말씀하십니다.
그 계약은 저희 가운데 살고 계신
당신의 아드님 예수님에게서 완성되었습니다.
당신께서는 오늘을 사는 사람들,
젊은이와 노인, 병자와 건강한 이들,
행복한 사람과 외로운 이들을 통해 말씀하십니다.

이들 한 사람 한 사람에게서
당신을 볼 수 있기 때문입니다.
무엇보다 아버지 당신께서는
저희가 성장하고 변화하는
고통과 위기라는 경험을 통해
저희에게 말씀하십니다.
주님, 저희가 겪는 괴로움이
저희에게 삶과 저희 자신과 타인,
그리고 당신에 대해 알도록 이끄는
가르침이라는 것을 깨닫게 해 주소서.
저희가 상처받을 때 당신께서도 상처를 받으시고,
저희가 눈물을 흘릴 때
당신께서도 저희와 함께 눈물을 흘리시며,
저희가 희망을 품을 때
당신께서도 희망을 품으신다는 것을
깨닫도록 도와주소서. 아멘.

지혜를 얻는 이의 기도

아버지 하느님,
저희는 어둠을 깊이 겪어야 빛에 감사하고,
가진 것을 잃고 나서야 그것의 가치를 알게 됩니다.
그것을 알지 못한 때에
저는 수백 년 살 것처럼 살았습니다.
아무 걱정 없이 일상을 누렸습니다.
언제나 내일이라는 시간이 있었기 때문입니다.
이렇게 돌에 맞듯이
휘청거리기 전까지는 그랬습니다.
정말이지 처음에는 저를 이렇게 만든 세상을
저주하고 싶은 마음뿐이었습니다.
하지만 그게 무슨 소용이 있겠습니까?
이제 제 육신의 병이 스승이 되어
저를 가르칩니다.
이토록 많은 것을
이렇게 빨리 배운 적이 없습니다.

바로 오늘이 제가 꽃을 피우고 성장하고,
삶을 깨닫는 시간이므로
매일매일 충실하게 살아야겠다는
절박한 심정이 됩니다.
자주 미루던 일들도 해야겠습니다.
두려워서 하지 못했던 말도 해야겠습니다.
풀잎은 그 어느 때보다 짙푸르고
하늘은 더욱 파랗게 느껴집니다.
이제는 삶에서 중요한 것이 무엇인지
알게 되었습니다.
옆에 있는 사람들이 너무나도 소중해지고,
아주 사소한 것들이 가장 위대하다는 것을
깨닫게 됩니다.
제 절망은 경이로움이 되고,
제 침묵은 당신을 향한 찬미가 되었습니다.
주님, 감사합니다. 아멘.

암 환자의 기도

주님, 저는 요즘 자주 주님을 바라보고
주님께 기도합니다.
주님께서 저를 잊으셨다고 생각한 적도 있고,
제 기도를 들어주시지 않는다고
의심한 적도 있습니다.
깊은 좌절 속에서 저를 데려가 주시기를
기도한 적도 있습니다.
너무 힘들고 절망해서
그 누구와도 말하고 싶지 않는 때도 있었습니다.
분노가 치밀어 울며 소리치고 싶기도 했습니다.
아무런 의욕도 희망도 없어서
다시 힘을 내고 싶지도 않았습니다.
사실 수없이 희망을 걸고
수많은 기도를 하며 기대했습니다.
주님, 당신께서는 제 울음소리를 들으시고
제 눈물을 보고 계시니

당신께 의탁하는 마음에서 오는
평화를 주시기를 기도합니다.
제 육신이 힘을 잃어 갈 때
당신 안에서 새로운 힘을 얻고,
저의 고통을 없애 주고 저를 편안하게 해 주는
모든 것에 감사하는 나날을 보낼 수 있도록
저를 도와주소서.
제가 어두운 골짜기를 갈 때 저와 함께하시어
당신의 빛이 저희가 알지 못하는
당신의 산으로 인도하게 하소서.
예수님의 이름으로 기도합니다. 아멘.

의식불명인 환자를 위한 기도

아버지 하느님,
저희는 지금 저희가 사랑하는 사람,
말하지 못하고 보지 못하고
우리를 보고 미소 짓지 못하는 사람을 위해
기도하려고 여기 모였습니다.
이 환자가 우리 목소리를 듣고, 우리 손길을 느끼며,
함께 있다는 것에 안심하기를 바라며 기도합니다.
이 환자가 고통에서 벗어나
마음의 평화와 안정을 갖기를,
어떻게든 당신을 체험하기를 바라며 기도합니다.
주님, 저희가 이 환자의 숨소리를 들으며
저희가 숨을 쉴 때마다, 말을 할 때마다,
서로 바라보며 미소를 지을 때마다
삶의 소중함을 되새기게 하시고,
저희가 가진 것에 감사하도록 저희를 이끌어 주소서.
당신만이 저희 앞날을 아시니

이 환자가 깨어나기를 기다리는 저희에게
의지와 인내심을 주소서.
그날이 올 때까지 기다리며
저희가 지난날의 추억을 떠올리게 해 주소서.
함께한 순간들, 생각은 달랐지만 언제나 변함없이
서로를 사랑했던 그때를 떠올리게 해 주소서.
삶이란 우리가 사랑하고 신뢰하기를
선택할 수 있을 뿐,
저희가 모르는 신비로운 것이라는 깨달음을 얻고,
우리가 아무것도 할 수 없다는 무력감을 느끼지만
그래도 살아갈 수 있도록 도와주소서.
당신의 은총으로 저희가 사랑하는 이 환자를
축복해 주시고,
당신께 대한 믿음으로 저희가 견딜 수 있는
은총을 내려 주소서.
예수님의 이름으로 간절히 기도합니다. 아멘.

희망의 기도

주님, 저는 몹시 괴롭고 믿을 수가 없습니다!
잘못되어 가는 많은 일들을 보면서
주님의 뜻이 무엇인지 알 수가 없습니다!
연민에 사로잡혀 때로 이기적으로
일을 더 그르치는지도 모르겠습니다.
그러나 저는 불평할 수 없습니다.
제가 지쳐 쓰러질 때마다
주님께서는 다시 힘을 낼 수 있는
은총을 주셨습니다.
지난 몇 달간 제가 많이 변한 것 같습니다.
이제 저 자신이 별로 낯설지 않고,
인간적인 부족함은 많은 희망을 품게 만들며,
또 많은 지혜를 얻게 해 주었습니다.
저는 사랑을 더욱 깊이 감사하게 되었습니다.
이 사랑은 과거에 생긴 그런 사랑이 아니라
고통을 통해 체험으로 다시 생긴 사랑입니다.

제가 행복하거나 불행하도록 태어난 것이 아니라
살면서 겪는 어려움에 순응하면서
행복해지는 것을 배우고 있는 것을
깨닫게 되었습니다.
주님, 저를 찾아 주고 보살펴 주는 사람들 얼굴에서
주님의 얼굴을 보는 것을 배우고,
저를 다독이고 치유하는 사람들 손에서
주님의 손을 느끼는 것을 배우며,
제게 말하는 사람들의 목소리에서
주님의 목소리를 듣는 것을 배우고 있습니다.
주님, 제가 계속 희망의 끈을 놓지 않게 해 주시고,
희망의 새로운 의미를 깨닫게 해 주소서. 아멘.

받아들이기 위한 기도

주님, 제 몸과 제 영혼 안에서
싸움이 일어나고 있습니다.
병마에 맞서 싸울지 아니면 포기해 버릴지,
주님의 뜻에 의문을 품을지
아니면 순종할지 싸움이 계속됩니다.
몸이 기진맥진해 쓰러지질 듯해지면
영혼에 힘과 활기를 불어넣어야겠다고 느낍니다.
희망을 포기하지는 않습니다.
오히려 많은 염려에서 벗어나고 싶어서
기도하고 추억하며
평화롭게 쉬면서 하루하루를 받아들이게 됩니다.
통증이 없을 때면 감사하게 됩니다.
제 곁을 지키며 말없이 함께해 주는 사람들과
주님의 피조물로 살아온 모든 날에
감사하게 됩니다.
이제 저는 사람들이 흔히 하는 말에 공감합니다.

아무리 어두운 밤도 새날의 빛으로 밝아 오고
아무리 추운 겨울도 다시 오는 여름의 뜨거움으로
이어진다는 말을
믿게 되었습니다.
주님께서 주신 평화에 감사드립니다. 아멘.

세상을 떠나는 이를 위한 기도

주님, 주님께서는 저희의 어둠이나
일상의 어려움을
없애 주겠다고 약속하시지 않고
어둠에 처한 저희에게 빛이 되어 주시고,
필요한 때에 힘을 주겠다고 약속하셨습니다.
주님의 빛을 보지 못하는
어리석은 이가 되지 않도록 도와주시고,
저희가 그토록 사랑하는 이가 점차 멀어져 갈 때
슬픔에 잠긴 저희가 당신의 현존을 보지 못하는
어리석은 이가 되지 않도록 도와주소서.
비통함과 상실감에 잠긴 이때에
저희에게 힘을 주소서.
저희 가족이 주님의 이름으로 하나가 되게 하소서.
저희가 어찌할 수 없는 일을 괴로움 없이
받아들일 수 있는 평온함을 주소서.
저희의 생각 너머를 볼 수 있는 희망을 주소서.

그리하여 주님의 뜻을 받아들이고
주님의 약속을 신뢰할 수 있게 하소서.
주님의 선함으로
저희에게 서로 나누고 사랑하라고 주신
이 소중한 생명을
주님 손에 그리고 주님의 보살핌에
맡기나이다. 아멘.

세상을 떠난 이를 위한 기도

하느님 아버지, 저희가 사랑했고
저희 마음과 삶에 특별한 자리를 차지했던 이에게
작별 인사를 하기 위해 여기 모였습니다.
주님께서 선물로 주신 삶을
함께 나눌 수 있었던 시간에 감사드립니다.
또한 저희가 서로에게 상처를 준 일들은
너그럽게 용서할 수 있기를 기도합니다.
주님, 주님께서는 저희를 있는 그대로
받아 주셨음을 알고 있사오니
결점이 있는 저희의 인간관계에도,
그 불완전함에도 평화롭게 살아가도록 도와주소서.
저희에게 보내 주시고 사랑을 나누었던
_____ 와의 추억이
저희에게 위로가 되게 해 주소서.
그 추억이 앞을 향해 가는 저희 삶의 여정에
용기가 되게 해 주소서.

고통도 슬픔도 없는 주님 나라에서
주님의 종이 평화를 누리게 해 주소서.
주님, 주님의 이름으로 당신 종을 축복하며,
성부와 성자와 성령의 이름으로 기도합니다. 아멘.

하느님 아버지

하늘에 계신 우리 아버지,
저희는 당신의 것이며 당신이 빚으신 작품입니다.
주님의 위대함을 찬양하며
주님의 선하심을 찬미하며
주님 사랑의 이야기를 기억합니다.
주님의 나라가 오시기를 기도하며
그로써 두려움과 어둠에서
저희를 자유롭게 하시기를 기도합니다.
주님의 나라가 오시기를 기도하며
그로써 저희의 아픔이 치유되고
주님의 피조물에게 평화가 오기를 기도합니다.
저희에게 주님의 뜻과 주님의 현존을
이해할 수 있는 지혜를 주소서.
특히 저희가 예기치 못한 일로 상처를 받을 때,
혼란스러운 일을 당했을 때,
상실의 아픔 속에서 그 의미를 찾을 때,

감정의 덫에 걸려 휘청거릴 때
주님의 뜻을 깨닫는 지혜를 주소서.
주님께서 매일매일을 선물로 주셨지만
저희가 자주 당연한 것으로 여기는 것들에
감사하게 하소서.
저희 육신에 양분을 주는 음식이라는 선물,
저희 마음에 양분을 주는 아름다움이라는 선물,
저희 영혼에 양분을 주는 사랑이라는 선물,
저희를 견디게 하는 믿음이라는 선물,
저희에게 위안이 되는 친구라는 선물,
나날을 밝게 비추는 당신의 창조물이 지닌
온갖 색채라는 선물에 감사하게 하소서.
주님께서 저희를 용서하신 것처럼
저희도 서로를 용서하게 하소서.
주님께서는 저희의 적대감을 깨끗이 씻어 주시고
흐려진 영혼을 당신 빛으로 밝혀 주십니다.

저희가 타인에게 손을 내밀어
당신이 창조하신 이 세상에서
치유하는 도구가 되게 하시고,
당신의 창조물 사이에 벽을 쌓기보다
다리를 놓게 하소서.
그리하여 저희가 사는 이 세상에서
이미 주님 나라를 볼 수 있게 될 것입니다. 아멘.

하느님께 귀 기울입니다

하느님께서는 태초에 당신의 창조물을 통해
저희에게 말씀하셨습니다.
그런 다음 지금까지의 역사와 인류를 통해
저희에게 말씀하셨습니다.
그리고 마침내 당신의 아들,
살아 계신 말씀을 통해 저희에게 말씀하셨습니다.
하느님의 계시는 오늘에도 이어져
영원에 대한 우리의 열망과 목마름을 아시고
높은 산을 통해 말씀하십니다.
우리 정신의 힘과 숨겨진 비밀과 상태를 아시고
대양을 통해 말씀하십니다.
우리의 좌절과 한계를 받아들이라고
썰물을 통해 말씀하십니다.
우리의 발전과 성취를 기뻐하며 즐기라고
밀물을 통해 말씀하십니다.
변화가 필요한 때와 온기가 필요한 때,

새롭게 시작할 때와 완성해야 할 때를
상기시키시며
계절을 통해 우리에게 말씀하십니다.
지나가는 날들에서 아름다운 순간을 찾으라고
우리를 깨우치시며 노을을 통해 말씀하십니다.
피조물들이 자유롭게 살기를 바라시며
새들을 통해 말씀하십니다.
당신의 창조물 가운데
우리도 특별한 꽃이라고 일깨우시며
꽃들을 통해 말씀하십니다.
우리의 눈물과 상처의 의미를 아신다면서
비를 통해 말씀하십니다.
우리 삶에서 열매를 맺으라고 요청하시며
자연의 수확물을 통해 말씀하십니다.
용기가 필요할 때 서로에게,
주님께 손을 내밀라고 가르치시며

나무를 통해 말씀하십니다.
겸손하고 단순한 마음으로 살기를 청하시며
들판의 풀을 통해 말씀하십니다.
우리 재능과 내면의 보물을 나누기를 기다리시며
온갖 색깔을 통해 말씀하십니다.
우리 생명에 필요한 자양분을 주시며
빵과 포도주를 통해 말씀하십니다.
당신 말씀의 깊은 뜻을 깨닫게 하시려고
침묵을 통해 말씀하십니다.
우리가 부르는 아름다운 노래를 즐겨 들으시며
음악을 통해 말씀하십니다.
당신의 약속을 믿으라고 우리를 변화시키시며
묘지를 통해 말씀하십니다.
우리 경험에 새로운 통찰을 담아
우리 영혼을 새롭게 하시려고
시를 통해 말씀하십니다.

우리 외로움을 위로하시려고
추억을 통해 말씀하십니다.
우리의 어리석음을 웃어넘기라고 격려하시며
상상의 세계를 통해 말씀하십니다.
당신의 소중한 세상을 우리 앞에 펼쳐 놓으시어
신비로움을 통해 말씀하십니다.
우리 존재의 본질을 깨닫게 하시려고
우리 감각을 통해 말씀하십니다.
우리를 이해하는 눈과 목
소리를 알아듣는 귀와 마음을
움직이는 손을 통해 말씀하십니다.
어린아이의 천진난만함과 젊은이의 열정과
노인의 지혜를 통해 말씀하십니다.
당신의 현존과 당신의 말씀을
생명의 말씀으로 받아들이라고
당신은 말씀하십니다.

계절을 다시 생각하며

삶을 이해한다는 것은 계절을 이해하는 것입니다.
계절은 그 변화로 지속되는 것입니다.
우리도 보는 방식을 다르게,
느끼는 방식을 다르게,
믿는 방식을 다르게 하여
창조적 변화를 열어 갈 필요가 있습니다.
우리 내면의 계절을 생생하게 만끽하려면
세상 만물을 보는 시각을
끊임없이 새롭게 해야 합니다.
우리는 본질적으로 믿음을 지니고 있으므로
우리의 허영과 겉모습을 버릴 수 있을 때
우리의 시각이 새로워집니다.
오래 기다리며 인내한다면
열매를 맺지 못하는 나무도
새로운 잎을 다시 피울 것이라고 믿을 수 있을 때
우리의 시각이 새로워집니다.

우리 인간이 연약하고 부서지기 쉬운 존재지만
얼마나 아름답고 귀한 존재인지 깨달을 때
우리의 시각이 새로워집니다.
우리의 무력함 앞에 눈물을 참지 않을 때
우리의 시각이 새로워집니다.
우리 힘으로 바꿀 수 없는 것들과
더불어 살아가는 것을 배울 때
우리 시각이 새로워집니다.
삶에서 하찮게 여기는 것들이
대부분 가장 위대한 것임을 알게 될 때
우리 시각이 새로워집니다.
빛이란 위에서 오는 것일 뿐만 아니라
우리를 반기는 이들의 얼굴에서도 빛난다는 것을
경험할 때
우리 시각은 새로워집니다.
이미 다다른 곳에서 다시 발길을 내딛는

겸손함을 지닐 때
우리 시각은 새로워집니다.
우리 내면의 소리를 계속 들으려고 할 때
우리 시각은 새로워집니다.
살다 보면 때로 정답은 없고
대안이 있을 뿐이라는 것을 받아들일 줄 알 때
우리 시각을 새로워집니다.
삶이란 고통을 피하는 것이 아니며,
고통이 우리 삶을 파괴하는 것도 아니라는 사실을
깨달을 때
우리 시각은 새로워집니다.
삶을 관리하려고 애쓰기보다
살면서 놀라운 것을 선택할 때
우리 시각은 새로워집니다.
겨울의 한가운데서 봄의 기운을 느낄 때
우리 시각은 새로워집니다.

무엇이든 잃을 것을 두려워하지 않고
어둠을 나눌 수 있을 때
우리 시각은 새로워집니다.
우리는 어둠에서 시선을 돌리고 있을 뿐이며,
어둠이 완전히 사라지지는 않는다는 것을
깨달을 때
우리 시각은 새로워집니다.
우리 꽃밭에서 자라는 꽃 한 송이 한 송이에
감사할 수 있을 때
우리 시각은 새로워집니다.
하느님의 선물에 감사하는 시간을 가질 때
우리 시각은 새로워집니다.
하느님의 은총은 노력으로 얻는 것이 아니라
무상으로 주어진다는 것을 이해할 때
우리 시각은 새로워집니다.
자신의 지난날과 친구가 될 줄 알 때

우리 시각은 새로워집니다.
우리가 자기 삶의 관객이 아닌 배우로서 책임질 때
우리 시각은 새로워집니다.
우리가 서로 필요한 공동체가 될 때
우리 시각은 새로워집니다.
우리가 행하는 것은 무엇이나
다른 이들에게 영향을 준다는 것을 알 때
우리 시각은 새로워집니다.
오르막과 내리막의 변화 중에도 유머를 잃지 않고
하느님께 대한 신뢰를 잃지 않을 때
마침내 우리 시각은 새로워집니다.

모든 일에는 때가 있습니다

새날을 시작하며 앞을 내다보는 때처럼
동이 트는 시간이 있습니다.
필요할 때 우리 손을 잡아 줄 사람이 있는 것을
아는 때처럼
신뢰할 때가 있습니다.
함께해 줄 사람이 없고 두려움을 느끼는 시간처럼
절망하는 때도 있습니다.
음악이 우리 존재 깊이 스며들어
퍼져 가는 기쁨을 느낄 때처럼
연주하는 시간이 있습니다.
삶의 한가운데에서 다시 빛을 찾아야 한다면
그때는 침묵이 필요한 시간입니다.
우리 아이들의 눈에서
미래의 약속을 볼 수 있을 때는
행복해도 되는 시간입니다.
사랑하는 사람을 잃고 상심할 때는

슬퍼해도 되는 시간입니다.
세상일을 떠나서 편안하게 쉬어야 할 때처럼
휴식해야 할 시간이 있습니다.
삶의 수수께끼와 어려움을 풀지 못할 때는
의문을 품어야 할 시간입니다.
모두가 분주해서 내 곁에 아무도 없을 때는
외로움을 견뎌야 할 시간입니다.
우리 삶에 기쁨을 주는 친구들과 함께 있을 때는
축하해도 되는 시간입니다.
우리 앞에 벌어진 일로 긴장할 때처럼
불안이 찾아오는 시간이 있습니다.
평화로운 마음으로 잠시 잊고 있던 선물을
소중하게 바라볼 때는
고요함에 잠길 시간입니다.
우리 육신의 한계와 부족함을 마주했을 때는
질병을 이겨 낼 시간입니다.

삶에서 새로운 가능성을 찾기 위해 애쓸 때는
희망이 필요한 시간입니다.
기다리며 지켜보는 것밖에 할 수 없을 때는
인내심을 가져야 할 시간입니다.
숨 막히게 아름다운 창조물을 바라볼 때는
경이로움이 찾아온 시간입니다.
타인과 나를 비교하며
내가 하찮은 사람으로 느껴질 때는
의문을 품어야 할 시간입니다.
우리 자신이 달라지고
누군가처럼 될 수 있다는 것을 알 때는
만족해야 할 시간입니다.
내면의 아픔을 드러내야 할 때는
눈물을 흘려도 되는 시간입니다.
있는 그대로 바보스러운 장난을 쳐도 된다고
자유롭게 느낄 때는

웃어넘겨도 될 때입니다.
같은 목표를 이루기 위해
우리가 힘을 모아 하나가 될 때는
화합할 시간입니다.
자기만의 길을 찾아야 할 필요가 있을 때는
자유로워야 할 때입니다.
우리가 미래를 걱정하는 때는
확신이 사라진 때입니다.
우리의 지난날이 힘이 되어 줄 때는
믿음이 확고한 시간입니다.
시간을 믿을 수 없고
위기가 느껴질 때가 있습니다.
하느님의 창조물과 더불어 살면서
우리가 언제나 하느님을 만나는 때가
바로 노을이 지는 때입니다.

주님을 찬미하여라

어둠을 뚫고 비추는 빛은
모두 주님을 찬미하여라.
하늘 높이 솟아오른 고원은
모두 주님을 찬미하여라.
서로 한 몸인 대양과 암초는
모두 주님을 찬미하여라.
축복받은 삶을 사는 사람들은
모두 주님을 찬미하여라.
생명을 지켜 주는 지구에서 태어나는 것들은
모두 주님을 찬미하여라.
시간을 기념하는 모든 계절은
주님을 찬미하여라.
공간을 기념하는 세상의 모든 산맥은
주님을 찬미하여라.
아름다움을 추구하는 모든 호수는
주님을 찬미하여라.
인간의 손으로 세운 성전에 모여 경배하는 모든 이는

주님을 찬미하여라.
자신만의 공간에서 침묵 속에 기도하는 모든 이는
주님을 찬미하여라.
사랑에 담긴 지혜를 나누는 모든 이는
주님을 찬미하여라.
또 하루가 지나간다고 알리는 노을은
주님을 찬미하여라.
참보물의 의미를 담고 있는 모든 꽃은
주님을 찬미하여라.
인간의 삶을 품은 모든 도시는
주님을 찬미하여라.
창조물의 생기를 호흡하는 모든 마을은
주님을 찬미하여라.
함께 생명을 나누는 숲속 나무들은
모두 주님을 찬미하여라.
지구를 가르치는 모든 불과 연기는
주님을 찬미하여라.

버려졌다고 느끼는 모든 잡초는
주님을 찬미하여라.
목적지에 이르는 모든 길은
주님을 찬미하여라.
알려지지 않은 곳에 이르는 모든 길은
주님을 찬미하여라.
오늘을 준비한 과거의 모든 이는
주님을 찬미하여라.
내일을 준비하는 오늘의 모든 이는
주님을 찬미하여라.
일용할 빵을 내어 주는 모든 밀밭은
주님을 찬미하여라.
오늘 그 실체가 드러난 현실은 모두
주님을 찬미하여라.
바다로 흐르고 흐르는 물줄기들은 모두
주님을 찬미하여라.
피조물의 다채로운 색을 지닌 모든 것은

주님을 찬미하여라.
살기 위해 애쓰는 이들은 모두
주님을 찬미하여라.
역사를 함께 나누는 이들은 모두
주님을 찬미하여라.
온 세상에 꽃을 피우는 장미는 모두
주님을 찬미하여라.
피조물 안에서 평화를 누리는 모든 것은
주님을 찬미하여라.
피조물 안에서 소란을 피우는 모든 것은
주님을 찬미하여라.
창조된 모든 것과 지구에 사는 모든 사람들이
주님의 위대함을 선포하고
주님께 찬미를 드리게 하소서.